L'IDÉE CHRÉTIENNE

SUR

LE POUVOIR

PAR

L'abbé G. de R. de BROVES

LYON

IMPRIMERIE D'AIMÉ VINGTRINIER

RUE DE LA BELLE-CORDIÈRE, 14.

—

1871

L'IDÉE CHRÉTIENNE

LE POUVOIR

Il est extrèmement douloureux d'avoir à séparer sa pensée de celle de ses contemporains, et de mériter de la sorte la réputation d'un homme qui n'est pas de son siècle ; toutefois cette nécessité pénible ne saurait point être considérée comme une chose blâmable.

Lorsque Tacite écrivait en deux mots le portrait de son temps, et qu'il l'appelait un *corrompu et un corrupteur*, il témoignait, en présence de l'avenir, que le désordre principal de son époque ne l'avait point atteint, et que, par là, il était demeuré en dehors de son siècle. Cet isolement volontaire d'une âme naturellement honnête, loin d'être une faute, est pour elle au contraire un titre à l'estime des gens de cœur.

Lorsque le désordre dominant d'une époque est l'immoralité, n'être pas de son siècle est une gloire ; c'est aussi une vertu de n'être pas d'un siècle où l'erreur domine.

Et lorsque le principal malheur d'une génération est la témérité qui se complait dans l'*incertain*, n'être point

4

de son siècle alors ce n'est point un crime, ni une ma-
nie, ni un entêtement, c'est avant tout, et par-dessus tout
une prudence.

C'est une prudence de se redire tout bas les avertissements de Jesus-Christ : « *Vous n'êtes point du monde,
et le monde vous a en aversion* ; vous n'êtes point du
siècle, vous êtes avec les siècles », *la longueur des
temps*, longueur immense par le passé, plus immense
encore par l'avenir, *vous a été donnée par le Seigneur*,
et vous êtes les citoyens du siècle des siècles : *tribuit ei
longitudinem dierum, in sæculum, et in sæculum sæculi.*

C'est sous l'influence de ces pensées que l'on a rédigé
ce modeste écrit, offert aux seuls catholiques, et consa-
cré à l'exposition de l'idée primordiale du catholicisme
sur le *pouvoir social.*

La philosophie, par ses systèmes, les partis politiques,
par leurs équivoques et leurs réticences calculées, les
théories religieuses, les opinions subversives du radica-
lisme, ont à l'envi accumulé des nuages sur la notion
du pouvoir. Mais, en cette matière comme en tout le
reste, les principes demeurent, malgré les nuages et
malgré les tempêtes. Il s'agirait ici de dégager ces
principes, et de travailler à leur rendre le lustre lumi-
neux dont ils ont brillé jadis.

I

Or quand on traite ici du pouvoir, on entend laisser de côté les formes variées des gouvernements. « Il n'y a, dit Bossuet, aucune forme de gouvernement qui n'ait ses inconvénients; c'est pourquoi Dieu prend en sa protection tous les gouvernements sous quelque forme qu'ils soient établis. » L'Eglise assurément peut avoir ses préférences motivées, mais elle n'est pas exclusive.

Cependant, si elle ne se préoccupe pas de la forme des gouvernements, elle s'inquiète beaucoup de ce qui en est le fond et comme l'essence, à savoir : le pouvoir. Elle a sur cet objet des idées claires et des principes arrêtés.

Qu'est-ce donc que le *pouvoir?* — C'est la capacité de faire ou la faculté d'ordonner.

Il n'est ici question que du pouvoir social ou public, c'est-à-dire de la capacité de faire et de commander au sein de la société humaine. L'on voudrait savoir quelles sont les qualités essentielles de ce pouvoir? et, pour arriver à ce but, on voudrait faire converger en cette seule question toutes les flammes brûlantes et luisantes du catholicisme.

D'après l'examen attentif des textes sacrés, les qualités du pouvoir se réduisent à trois principales:

La première est que le pouvoir doit être *un ministère moralisateur*.

Il faut prendre garde que le mot *ministère* n'a point la même signification que le mot *privilége*. Il indique une chose dont le bénéfice revient non à celui qui la possède, mais à celui pour lequel elle est possédée. Dire que le pouvoir est un ministère, c'est dire qu'on ne l'exerce point pour soi, mais pour les autres. Ceci est une vérité traditionnelle chez nous : Salomon disait aux princes : « Ne vous asseyez que lorsque vous êtes sûr d'avoir ter-« miné les affaires de vos peuples. Que leur gratitude et « leur reconnaissance vous entoure comme d'un dia-« dème. »

L'Évangile vient ici confirmer les conseils du sage monarque : « Que celui qui est le premier soit comme le moindre de tous ; que celui qui commande ne soit pour ainsi dire qu'un ministre, *fiat sicut ministrator*. » Ailleurs N. S. Jésus Christ s'exprime encore plus énergiquement, et, d'après lui, celui qui commande est un serviteur : *serviet minori*.

Du reste, les simples instincts du bon sens suffisent pour juger la conduite de ces impurs adulateurs qui se plaisent à gâter l'esprit des grands, et leur apprennent à tout rapporter à eux-mêmes.

Mais puisque le prince est un ministre et un serviteur, que doit-il administrer, et que doit-il servir à son peuple? — Le bien. — C'est l'Ecriture sainte qui l'enseigne encore : Saint Paul dit que le prince est ministre de Dieu pour le bien. N. S. avait dit aussi : qu'il était le « *serviteur* prudent et fidèle préposé à la direction de la « famille et chargé de distribuer à chaque membre du « foyer domestique une mesure de pur froment. » Ce froment, c'est le pain dont le fils de l'homme faisait sa nourriture, *l'accomplissement de la volonté du Père cé-leste*, ou l'observation de la loi de Dieu.

C'est de cette façon que le pouvoir sera ministre du bien; il fera observer la loi de Dieu et justifiera le nom de ministère moralisateur que nous lui avons donné.

Il n'est du reste point impossible d'arriver par voie

de déduction aux aphorismes que nous venons de tirer des textes bibliques et évangéliques.

Ce devoir d'être moralisateur est en effet renfermé dans la notion bien entendue du pouvoir. De même que la propriété de marquer les heures est tellement particulière aux horloges qu'une horloge cesse de mériter ce nom lorsqu'elle ne sait plus indiquer l'heure ; de même promouvoir le bien et réprimer le mal est si parfaitement dans la nature du pouvoir, que s'il se refuse à accomplir cette mission il n'est plus digne de porter le nom de pouvoir.

Considérez la souveraine puissance dans l'étendue complète de sa nature ; expliquez-vous la cause de son existence, l'objet sur lequel elle exerce son action; la règle d'après laquelle elle se dirige dans son exercice; en d'autres termes, demandez-vous quel est son principe générateur; quel est son objet; quelle est sa règle ? en suivant dans tous leurs détours les réponses faites à ces diverses questions, l'on aboutit à des conclusions très-significatives.

D'abord quel est le principe générateur ou la raison d'être du pouvoir public ?

Le pouvoir public et la société ont l'un et l'autre le même principe générateur ; car ces deux choses sont inséparables ; on ne peut les concevoir l'une sans l'autre. L'existence d'un bloc de rocher présuppose une force de cohésion reliant entre elles toutes les molécules qui entrent dans la formation du rocher ; de même l'existence d'une société, c'est-à-dire d'une collection d'hommes unis entre eux, implique aussi une force de cohésion les unissant tous ; cette force de cohésion est le pouvoir. *Le pouvoir* en effet, dit M. de Bonald, *lie les hommes entre eux, comme le centre d'une circonférence unit les uns aux autres tous les points de la circonférence.* Le pouvoir et la société sont inséparables comme le moyen et la fin ; ils sont nés ensemble comme l'âme et le corps de l'homme ; ils ont fait ensemble leur apparition en ce monde, de la même façon que le soleil et la lumière ont ensemble jailli dans le firmament.

De cela que résulte-t-il ? — Que l'intérêt général est le principe générateur du pouvoir, car, selon Rousseau lui-même, et selon Platon, *l'intérêt général* a été la cause de l'association des hommes. Platon s'exprime ainsi : « *La multiplicité des besoins a forcé les hommes à s'unir et à constituer la société.* » Rousseau est du même avis : « *L'intérêt général forme le lien social* » Et à la vérité soit que l'on professe l'opinion étrange que la société est le résultat d'un pacte volontaire, soit que l'on pense avec la Bible qu'elle est une création de Dieu, l'on ne saurait nier que la raison d'être de la société est l'intérêt général. Si les hommes ont fait un pacte, le motif qui les a déterminés à le signer a été l'intérêt de chacun joint à l'intérêt de chacun, c'est-à-dire l'intérêt général. Si Dieu est l'auteur de l'association humaine, le motif qui l'a décidé à la fonder, c'est un motif d'utilité pour l'homme ; il a vu *qu'il n'était point avantageux pour la créature raisonnable de demeurer seule,* c'est pourquoi il l'a mise en société. Oui, l'intérêt commun est le principe générateur de la société, et il est par conséquent celui du *pouvoir*.

Etre en société est avantageux au genre humain ; avoir un lien qui unisse, une âme qui vivifie, une force qui soutienne la société, avoir un pouvoir est aussi avantageux au genre humain ; voilà pourquoi l'on appelle *prince* le dépositaire du pouvoir, il est prince, c'est-à-dire principal, parce que dans la foule des intérêts communs, il est l'intérêt commun principal.

Ainsi, l'on peut affirmer qu'envisagé dans son principe générateur, le pouvoir est fils de l'intérêt commun.

Maintenant quel est l'objet que se propose la souveraine puissance lorsqu'elle use de sa capacité de faire et de commander au sein de la société? Une force ne doit agir que conformément aux vues de son auteur; né de l'intérêt commun le pouvoir ne peut agir pour des intérêts particuliers; son action doit donc s'exercer encore dans le domaine des intérêts généraux; et ainsi l'objet de cette action c'est, une seconde fois, l'intérêt général.

Enfin, lorsqu'elle agit, la puissance souveraine agit-elle au hasard? — Non. Alors quelle est sa règle? Ce ne peut être le caprice; ce ne peut être l'opinion des hommes, car cette opinion est variable et faillible. Quelle sera donc la règle? — La règle sera une volonté supérieure, éternelle, immuablement bonne, d'où découlent toutes les lois, la volonté de Dieu, la loi éternelle. Or, cette loi éternelle se résume en ces deux mots agrandis, ennoblis, illuminés par l'Évangile: *Salus populi suprema lex*, la loi suprême, celle qui dirige même le pouvoir suprême — *lex suprema* — c'est le salut du peuple. En d'autres termes, la loi qui dirige le pouvoir dans son exercice est, pour une troisième fois, l'intérêt général.

Ainsi, le pouvoir est fils de l'intérêt général; son action s'exerce pour l'intérêt général, sa règle est l'intérêt général: l'intérêt général toujours, l'intérêt général partout. Qu'est-ce que cela signifie?

Cela signifie que les dépositaires de l'autorité sociale, sous peine d'aller contre la nature de leur être, sous peine de trahir l'institution qui les a faits les hommes de l'intérêt commun, sont tenus d'être les adversaires du mal. Car le mal est la destruction de tout. Qui nierait que le mal est destructeur, qu'il est l'allié de l'intérêt particulier, et l'ennemi juré de l'intérêt général? Qui le nierait? L'histoire l'affirme, la philosophie l'affirme, la théologie l'affirme.

On ne saurait le nier; donc, — il faudrait ici pour appuyer sur cette conclusion réunir mille voix d'airain, et se faire entendre jusqu'au bout de l'univers. — Donc le pouvoir est l'ennemi naturel du mal ; c'est ainsi que le catholicisme l'a toujours compris, lorsqu'il le considère comme un ministère moralisateur.

Dans les jours où nous vivons, le ministère moralisateur a-t-il été fidèle à sa mission? — Peut-être que non. Mais à qui faut-il en imputer la faute? — Peut-être à l'opinion contemporaine. L'esprit moderne s'est approché des gouvernements et il leur a dit comme Satan au Sauveur des hommes : *Dic ut lapides isti panes fiant* : ordonnez que les pierres deviennent du pain, veillez à la production, à l'importation, à l'exportation, à l'industrie, à l'agriculture, à la finance, au perfectionnement de tout ce qui est propre à entretenir, à enrichir, et à embellir l'existence humaine : que votre génie s'occupe uniquement de ceci : faire de l'or et faire du pain par tous les moyens possibles : *Dic ut lapides isti panes fiant*. Et dans un temps où la loi des gouvernements est de suivre le courant de l'opinion nationale, comment le pouvoir aurait-il même le pensée de se raidir contre le mal, et de se souvenir que l'homme ne vit point seulement de pain ? L'on maudit le pouvoir corrupteur. Quoi donc pourtant! Est-il vraisemblable qu'un seul homme, qu'une catégorie d'hommes soit seule coupable? Quoi donc! Une seule volonté, si perverse soit-elle, se serait imposée à quarante millions de consciences droites et de volontés honnêtes! Il vaudrait mieux que chacun avoue ses torts, et que tous imitent le peuple hébreu au temps de ses infortunes publiques, lorsque, humilié sous le fouet du Seigneur, et égaré sur une terre étrangère, il disait : « Nous avons tous péché ; les rois, les princes, les peuples, les sacrificateurs, toutes les têtes sont coupables, et le châtiment est justement universel. »

En vérité, qui n'est pas coupable? Les catholiques libéraux, eux-mêmes, affirment les *droits du mal.* L'on trouve parfois sous leur plume des expressions étranges. Et c'est le père Lacordaire qui a écrit cette maxime : *que l'art de gouverner les hommes consiste à lâcher la liberté du mal sans enchaîner celle du bien.* Etrange maxime chez un si grand esprit et chez un si véritable saint ! Toutefois, n'est-ce point une erreur de croire que le bien n'a pas besoin de l'assistance gouvernementale pour triompher? Et n'y a-t-il pas dans cette croyance quelque présomption semblable à celle des Juifs, qui demandaient toujours des miracles ? L'on veut que ce qui n'est ni protégé, ni aimé, ni voulu, ni connu, que ce qui humainement n'est rien : le bien, triomphe de ce qui dispose aisément de toutes les ressources mondaines: le mal. Quelle présomption ; et je dirai aussi quelle naïveté, de ne pas voir, que, par la vertu magique du mot de liberté, le mal, mis hors la loi par l'honnêteté de nos ancêtres, fait sa rentrée dans le monde sous la protection de l'honnêteté contemporaine! Eh bien oui, l'opinion contemporaine a pu contribuer à faire dévier le pouvoir de sa mission naturelle. Eh ! bien oui, l'opinion moderne en a tant dit et tant fait, que c'est peut-être elle qui a porté le pouvoir à abaisser son glaive, et à laisser passer *le droit du mal*. Mais l'opinion et le pouvoir ont eu tort : le pouvoir doit, en vertu de son institution, être l'adversaire du mal; il est armé du glaive pour que les mauvais tremblent; il a été placé sur la terre pour *arracher* et pour *trancher* le mal; il est et doit rester un ministère moralisateur.

II

Moraliser les hommes est une œuvre longue, ingrate et difficile, qui, pour être accomplie avec succès, réclame l'application d'une force au moins égale à la force du mal, conjuré contre le bien. Cette force existe chez le pouvoir, et pour qu'il soit un *ministère moralisateur*, Dieu lui a accordé d'être un *ministère inviolable*.

En quoi consiste l'Inviolabilité? Il est besoin d'user ici de réserve. Les doctrinaires de 1815 sont aujourd'hui les maîtres de l'Europe. Montrer que la division du pouvoir est chose mortelle à son inviolabilité serait, on en convient, une entreprise d'un succès impossible, parce qu'elle est d'une opportunité douteuse. D'ailleurs entrer dans l'examen de cette question serait abandonner le point de vue général dans lequel on s'est proposé de demeurer; l'on descendrait de la région des essences, pour aller dans le domaine des formes, et l'on tomberait dans un défaut auquel M. de Bonald semble n'avoir pas échappé, celui de faire la *théorie de la monarchie* en voulant tracer la *théorie chrétienne du pouvoir*.

Mais tout en réservant ce qui peut être réservé, l'òn entend affirmer, au nom de la tradition catholique, que le pouvoir, quel qu'il soit, quelles qu'aient été ses origines, quelles que soient l'étendue de ses emportements ou la grossièreté de ses fautes, est à l'abri de toute irrévérence et doit être considéré comme inviolable. C'est dans l'Eglise une croyance qui date de son berceau. Voici comment s'exprime l'un des plus grands hommes du catholicisme français : « *Dieu qui est le père de la société, qui a ordonné les princes pour la soutenir, a bien voulu à la vérité que la religion fût indépendante de leur puissance, mais il a voulu en même temps que, bien loin d'affaiblir leur autorité, elle la rendît plus inviolable et montrât que l'obéissance qu'on leur doit est à toute épreuve.* »

C'est une maxime accréditée dans notre religion, que l'obéissance des citoyens *doit être à toute épreuve*. Cette maxime est si bien fondée sur l'Evangile qu'elle n'a été repoussée que par les sectes dissidentes et que *l'esprit de sédition* ne s'est manifesté que dans la doctrine et l'histoire des hérésies.

Notre-Seigneur Jésus-Christ a posé la distinction du *pouvoir de fait*, que Dieu permet comme châtiment, et du *pouvoir de droit*, qu'il institue comme un bienfait. Il a en même temps indiqué la nature des sentiments que l'on doit avoir pour l'un et pour l'autre. Cette distinction et cette indication sont contenues dans ce passage de l'Evangile selon saint Mathieu dans lequel le Sauveur dit aux Juifs : « *Rendez à César ce qui est à César, et à Dieu ce qui est à Dieu.* » César c'est l'autorité usurpatrice et détestable: Dieu c'est l'autorité aimable et légitime. Lorsqu'une autorité illégitime, ayant frappé une monnaie, en garantit la loyauté, en défend l'altération, en protége la circulation, elle est *pouvoir de fait*, elle est protectrice ; lorsque cette autorité maintient l'ordre, empêche la violation des droits, garde l'intégrité du territoire national, elle est *pouvoir de fait*, elle est protectrice et les sujets lui doivent tout ce qui est dû au pouvoir : « *Redde Cæsari quod est Cæsaris.* » Ce n'est point qu'ils lui doivent leur amour; Jésus-Christ ne le dit point, il donne au contraire à entendre qu'il est loisible à chacun de réserver l'estime et l'affection de son cœur au pouvoir qui, par la dignité de ses infortunes ou l'authenticité primordiale de ses droits, a conquis toutes les sympathies de son âme; que l'on garde donc pour qui l'on veut les trésors de son amour, mais que l'on reste exactement le sujet de celui dont on est sujet, et qu'en rendant à Dieu ce qui est à Dieu l'on n'oublie pas de rendre à César ce qui est à César.

Voilà en quelques lignes de quoi pulvériser Wiclef, Calvin, Luther et la révolution, toutes opinions qui disent qu'un pouvoir cesse d'avoir des droits dès l'instant où il n'obéit plus à Dieu. Les droits anciens ne périssent pas par les faits accomplis, mais les faits accomplis créent souvent de nouveaux droits. *Unus assumetur et alter relinquetur.* Parmis les droits, les uns triomphent, les autres s'éclipsent, et c'est aux événements, c'est-à-dire à la Providence d'amener la victoire des droits en compétition.

En attendant, le devoir de tout fidèle est une soumission véritable au pouvoir établi. C'est ce que Notre-Seigneur nous signifie lorsqu'il dit aux fidèles qu'ils ne chercheront à conserver la possession de leurs vies, de leurs biens, de leurs familles que par le seul instrument de la *patience*.

En cela il n'enseignait point une nouveauté. Platon était d'avis qu'on est obligé d'obéir aux lois et aux magistrats même injustes, de peur que faute de cette soumission aveugle le gouvernement et la société ne deviennent impossibles. Socrate avait d'avance confirmé la parole de Platon par l'enseignement terrible et remplie d'autorité, qui est contenu dans l'histoire de sa mort. La parole de Platon du reste n'était qu'un écho biblique: Plusieurs fois transporté loin de son pays, soumis à des chef étrangers, ou à des impies tels qu'Achab et des insensés comme Achaz, le peuple hébreu a poussé la fidélité jusqu'aux extrèmes limites de la constance. Ce qui est une preuve que Moïse lui avait fortement inculqué l'inviolabilité de la puissance souveraine. Quoi détonnant que celui-là même qui prêchait une justice supérieure à la justice des païens, soit d'accord avec Platon, lorsque Platon est d'accord avec Moïse! A Dieu ne plaise que l'on ignore jusqu'à ce point l'esprit du vrai maître, la couleur de la vraie lumière, et la parole de l'Evangile.

Du reste, l'histoire est l'application des principes, et l'histoire ecclésiastique doit pouvoir fournir la confirmation de la doctrine précédente. Cette confirmation est en vérité aussi complètement démonstrative qu'on pourrait le souhaiter : Quel tableau nous présente l'histoire ! — D'un côté, des princes, des rois, des empereurs iniques jusqu'à la férocité, corrompus jusqu'à la putréfaction, tyranniques jusqu'à un degré ridicule; c'était le pouvoir public. — De l'autre côté une société, et quelle société ! une société composée de sénateurs, de magistrats, d'officiers militaires, répandue en tous lieux, amie du travail, avide même de souffrance, peu soucieuse des richesses et des distinctions mondaines; en deux mots, une société intelligente, nombreuse, courageuse, riche par sa pauvreté même : c'était la société chrétienne. Or, pendant trois siècles, cette société chrétienne, pressurée et torturée par le pouvoir public, n'a pas jeté un cri, fait un geste, proféré une parole contre le pouvoir public. Elle en a pourtant triomphé à la longue, mais cela s'est passé comme le maître l'avait prédit : *In patientiâ vestrâ possidebitis animas vestras*. Elle fit rougir la férocité de ses bourreaux.

De plus, l'Église a toujours protesté contre ce que les livres évangéliques nomment l'esprit de sédition ; lisez les lettres de saint Augustin, et voyez comme ce grand docteur traite les rébellions des *Donatistes* ; lisez ensuite Bossuet et écoutez les avertissements qu'il adresse à la Réforme au sujet des maximes séditieuses qu'elle mettait en circulation.

Toutes ces choses attestent, déploient, étalent les beautés du catholicisme, la magnanimité de son caractère, sa soif d'humilité, d'abnégation, de patience, sa force particulière et spéciale , force qui n'est point la force active du glaive qui tranche, qui perce, qui renverse, mais la force passive de l'enclume qui ne donne point de coups, mais qui ne fléchit pas sous les coups ; qui n'est jamais marteau, mais qui ne redoute aucun marteau.

Que si du catholicisme on passe aux opinions contemporaines et aux usages qu'elles ont autorisés, l'on rencontre des oppositions considérables. Il est incontestable que le siècle est tourné tout entier d'un seul côté : du côté du pouvoir, qu'il entend morigéner, gêner et diriger. Autrefois l'on n'ignorait pas les inconvénients de l'indépendance des princes, puisqu'on avait supporté tant de détestables tyrans, mais l'on voyait encore moins d'inconvénients à souffrir l'indépendance des princes , quels qu'ils fussent, qu'à laisser à la multitude le moindre pouvoir. Aujourd'hui l'on paraît faire tout l'opposé. Autrefois l'on pensait, il est vrai, que son inviolabilité ne mettait pas le prince à l'abri des remontrances et des reproches, des conseils et des blâmes, mais l'on croyait aussi que, pour faire ces choses, il y avait des organes choisis, des temps opportuns et des formes déterminées.

Aujourd'hui, l'on professe des principes singuliers de liberté que l'on pourrait fort bien appeler une insurrection légale.

Chacun peut discuter ce qu'il lui plaît de discuter, et croit, ainsi que le disait excellemment Bossuet, pouvoir assujettir le trône des rois aux plans qu'il trace dans ses livres ou dans les colonnes de son journal. Le plus médiocre penseur, le plus méchant esprit, s'il dispose de l'une des mille bouches de la presse, a le droit de tout exagérer et de tout envenimer. Chacun veut tenir le gouvernail de l'Etat, et l'Etat devient semblable à ce vaisseau décrit par Platon : « Figure-toi un vaisseau ; le pilote, vieilli dans le métier, n'a point assez de toute sa science pour lutter contre les flots ; pourtant les matelots lui disputent la barre ; imagine-toi ces extravagants autour du pilote, l'obsédant, le pressant, lui faisant violence pour qu'il leur abandonne le gouvernail ; ils l'accablent, ils l'assoupissent avec de la mandragore et conduisent le vaisseau comme de pareilles gens savent le conduire. » Assurément, tout homme n'a point mission pour conseiller le pouvoir et jouer auprès de lui les personnage du prophète Nathan. Surtout l'on ne saurait être ce prophète en tout lieu et en tout temps, car il y a le temps de se taire aussi bien qu'il y a le temps de parler.

Il y a aussi des formes dont il ne faudrait point s'écarter : que de fois nous avons opposé l'aspect de nos As-

semblées à celui de cette assemblée de législateurs qu'a vu le sage esprit de Fénelon : « Je me sentis saisi de res-
« pect à la vue de ces vieillards, que l'âge rendait véné-
« rables, sans leur enlever la vigueur de l'esprit. Ils
« étaient immobiles à leurs places; on voyait reluire sur
« leurs visages graves une sagesse douce et tranquille;
« ils ne se pressaient point de parler; ils ne disaient que
« ce qu'ils avaient résolu de dire; quand ils étaient d'a-
« vis différents ils soutenaient si modérément ce qu'ils
« avaient à dire de part et d'autre qu'on aurait cru qu'ils
« étaient tous d'une même opinion. Ce qui perfection-
« nait le plus leur raison, c'était le calme de leur esprit,
« délivré des folles passions et des caprices de la jeu-
« nesse. Ils goûtaient sans peine le doux plaisir d'écou-
« ter la raison. »

L'esprit de ces vieillards *graves, tranquilles* et *modé-rés* devrait animer ceux que leur vocation d'écrivains ou que le suffrage populaire ont institués les auxiliaires des princes. Qu'ils soient maudits lorsqu'ils s'épanchent en discours haineux et remplis de colères systématiques ! Oui, que le libéralisme poursuive le cours de ses succès ou qu'il disparaisse un jour sous les coups du flot réac-tionnaire et des foudres ecclésiastiques, il n'en est pas moins certain que chacun n'a point reçu mission pour censurer, critiquer, diriger le pouvoir; qu'on ne doit point se le permettre en tout temps et en toute forme de langage; que les questions tranchées doivent être au-dessus de toute discussion; qu'insulter la majorité d'un pays est un acte de factieux; que mentir et calomnier c'est un crime; que discuter les actes de l'autorité c'est discuter l'autorité; que frapper le ministre c'est frapper le prince; que frapper le prince c'est affaiblir l'autorité, ou la porter à des extrémités coupables qui amènent peu à peu des catastrophes, telles par exemple que celles de la grande Révolution française. Les excès appellent les excès ; les excès de la féodalité ont amené sur elle les excès des sévérités royales. La lutte ardente et patiente de la royauté contre le pouvoir féodal, qui aurait dû se terminer sous Richelieu, s'est prolongée trop loin, et le moment est venu où, croyant poursuivre une œuvre utile, on a commencé, continué, et consommé une œuvre détestable , la ruine et la destruction de la noblesse , ruine et destruction qui a eu pour résultat, chacun le sait, de laisser le pouvoir royal isolé en face des ambitions du tiers-état et des passions démagogiques. Les luttes ardentes, les oppositions furieuses dépassent toujours le but, et aboutissent à des malheurs.

Ce sont là des vérités que l'esprit moderne nie en théorie pour les affirmer en pratique ; l'on veut d'abord le droit de tout dire, sauf à édicter ensuite et à appliquer des peines draconniennes contre ceux qui auront trop dit ; on encourage le mal, sauf à le punir après ; pendant ce temps, les masses populaires prennent tout au sérieux, oublient l'inviolabilité sacrée du pouvoir, et l'on a des révolutions tous les vingt ans.

\ L'on dirait, à entendre parler les doctrinaires de nos jours, que la société ne trouvera le salut et la grandeur que dans les revendications incessantes et la pratique de la liberté. Cependant le salut n'est pas dans l'indépendance, il est au contraire dans la soumission.

La soumission est la vertu des peuples, et les peuples ne sont bénis de Dieu, c'est-à-dire bien gouvernés, que lorsque, à l'esprit de travail et de tempérance, ils ont appris à joindre l'esprit de soumission.

L'indocilité des sujets répand le vertige sur les têtes royales, tandis que leur fidélité inviolable possède une vertu fortifiante et lumineuse. Cette fidélité impose aux monarques je ne sais quel respect involontaire et quelle terreur sacrée, car elle est par elle-même une chose sainte, vénérable et grandiose; c'est la constance du cœur ; c'est un mélange embaumé de foi, d'humilité, d'amour; c'est un instinct essentiellement français, car le cœur français, mieux que tout autre, assure-t-on, connaît les longs souvenirs, les affections immuables, les enthousiasmes éternels pour les grandes idées, les grandes choses et les grands noms. Eh bien, cette chose si belle, ce sentiment chrétien, cet instinct français, cette vertu de fidélité qu'un Père de l'Eglise n'a point craint d'appeler une religion, la religion de la seconde majesté, cette fidélité est une puissance, forte sur le cœur de Dieu et sur le cœur des rois.

Heureuses les nations qui la possèdent encore, elles ont en elles le gage de la vie : *In patientiâ vestrâ possidebitis animas vestras.*

III

Si l'Eglise a si fortement attesté l'inviolabilité des princes dépositaires de l'autorité publique, et si elle n'a point craint d'autoriser et de recommander à côté de la religion de la majesté divine celle de la majesté royale, c'est qu'elle est persuadée qu'il existe des relations entre Dieu et les rois, que c'est Dieu qui a fait les rois, que le pouvoir des princes découla du sein de Dieu, comme l'eau d'une fontaine de l'alvéole de sa source. Cette croyance est comme l'âme qui relie, éclaire et vivifie la précédente doctrine, et le pouvoir n'est un *ministère moralisateur* ainsi qu'un *ministère inviolable*, que parce qu'il est un *ministère divin*.

En inventant le principe de la souveraineté du peuple, le protestantisme s'est éloigné de la tradition catholique qui fait reposer la souveraineté des chefs de nation sur la souveraineté de Dieu même. La Réforme, et après elle la Révolution, toutes les deux pour suivre leur esprit propre, ont cherché à dénaturer la foi du genre humain sur ce point ; cette foi cependant est indubitable et elle est attestée par les *Écritures*, par la conscience des princes et par la conscience des peuples. La parole de l'Évangile, *omnis potestas à Deo, toute puissance vient de Dieu*, est, ce semble, péremptoire ; mais, comme elle dit tout, sans rien expliquer, l'on ne s'en occupera point autrement que pour la placer ici, avant toutes choses, comme le point d'arrivée que la discussion se propose d'atteindre.

Le texte suivant, tiré de l'Evangile selon saint Mathieu, paraît porter en soi une plus grande puissance explicative : « Tout royaume divisé en lui-même sera « désolé, toute cité, toute famille divisée ne subsistera « point. » Qu'on prenne garde, en effet, que Notre-Seigneur fait la revue de toutes les espèces de sociétés (il passe du royaume à la cité, et de la cité il va à la famille), qu'il pose en principe l'existence de conformités et de ressemblances entre ces trois espèces de société : puisque le royaume, la cité, la famille sont également indivisibles, et que le royaume est désolé, la cité détruite, la famille anéantie, dès que la division est introduite dans leur sein respectif.

Qu'on prenne garde, en outre, que Notre-Seigneur procède par ordre, qu'il va toujours à la source ; il va du royaume à la cité, de la cité à la famille, comme une personne qui voudrait remonter de l'effet à la cause, de la mer au fleuve, du fleuve aux fontaines, des fontaines aux sources. Et en effet, les royaumes sont nés de la formation de plusieurs cités, les cités sont sorties de l'agglomération de plusieurs familles, de telle sorte que la famille ou la société domestique est le berceau de toute société ; et puisque entre les trois espèces de sociétés signalées, il existe des conformités et des ressemblances, ces conformités et ces ressemblances viennent évidemment de la société qui a été la mère de toutes les autres : la famille. D'où il suit que, d'après la parole de Jésus-Christ, bien raisonnées et bien comprises, la famille est le modèle et le type sur lesquels ont été construits les royaumes et les cités. Et, en effet, voyez comme, dans les temps primitifs, les royaumes possédaient au plus haut degré l'empreinte originelle et le caractère de la société domestique. Quelques années à peine après le déluge, la *Genèse* nous l'a appris, il existait déjà des royaumes nombreux ; c'est celui d'Abraham le *prince de Dieu*, c'est le royaume de Gérare, c'est celui de Salem, etc., etc. Ces royaumes étaient nombreux parce qu'ils étaient restreints et qu'ils se réduisaient à une famille ou à plusieurs familles issues d'une souche commune. La royauté de ces petits États revenait aux *anciens*, à l'aïeul ou au bisaïeul vivant. Cette royauté n'était qu'un patriarcat, de même que l'État n'était qu'une famille. De là, cette simplicité débonnaire répandue sur les actes de ces monarques et réfléchie dans l'aspect de leur personne. Leur magnificence royale est toute dans le nombre des troupeaux ; leur force dans la multitude de leurs fils et de leurs serviteurs ; leur palais est un humble toit ; leur trône est le lit vénérable sur lequel, après avoir béni leurs enfants, ils expireront accablés d'ans et d'infirmités.

Les rois de la Grèce décrits par Homère ne diffèrent point de ceux dépeints par la *Genèse*. Ils se livrent à des occupations communes sur les rives de l'Ilissus, tandis que leurs filles s'en vont quérir l'eau de la source prochaine et que leurs épouses, d'une main qui n'est point inhabile, filent la toison des agneaux.

—D'où il résulte que, dans le commencement, la royauté était une paternité ou un développement de la paternité : c'était un patriarcat.

Or, quel est le caractère principal que Dieu a accordé à la paternité ? N'est-ce point la divinité ? Assurément, dès le principe, dès la perpétration de la faute originelle, le père de famille, en vertu d'une institution divine, a été investi d'une autorité indiscutable sur la femme et sur l'enfant ; il le fallait ainsi pour que celui qui est sur terre l'image de la puissance créatrice de Dieu, fût en même temps l'image de sa puissance régulatrice.

La paternité domestique est divine, la paternité sociale l'est aussi. Et c'est pourquoi Bossuet s'est permis de dire : « O Rois, régnez hardiment. » —Oui, régnez hardiment puisqu'il est manifeste que vous tenez votre pouvoir de celui qui est l'unique pouvoir, qui institue le vôtre comme il institue la société, comme il forme l'homme, comme il crée l'univers, en vertu d'une volonté expresse, d'un conseil formel, d'un choix délibéré : volonté, conseil, choix que le maître divin nous a clairement exprimés, lorsqu'il nous a appris *que toute puissance*, sans en excepter aucune, *vient de Dieu. Omnis potestas à Deo.* O rois, régnez hardi-

ment : « *Dieu a donné à chaque peuple son gouver-
neur.* » *Dieu donne la puissance aux princes : il
a fait les grands et les petits, et il prend également
soin des uns et des autres.* » (Sapientiæ, XI.)

Aussi est-il vrai de dire que les dépositaires du
pouvoir social ont eu conscience de leur caractère divin. Chez les juifs, ils ont toujours régné dans l'esprit de la plus complète indépendance, tant sous les
rois de la première institution que sous la monarchie restaurée des Asmonéens : Saül, David, Salomon
et les autres gouvernèrent en vertu de leur consécra-
tion par les prophètes, et n'ont jamais laissé supposer
que leur conviction n'était pas entière sur ce point, et
qu'ils ne tenaient pas leur puissance uniquement de Dieu.
Les monarques païens eux-mêmes reconnaissent et
affirment ces principes, ils se disent enfants des dieux; le
chef des incas mexicains était le fils du soleil; l'em-
pereur des tribus mongoles et des populations chinoi-
ses se croit fils du Ciel; les princes chrétiens étaient
ducs, comtes, rois, empereurs par la grâce de Dieu :
pas plus tard qu'en 1815, les puissances chrétiennes,
réunies en congrès, après les catastrophes de la Ré-
publique et de l'Empire, signèrent un traité qui fut
appelé le traité de la Sainte-Alliance : or, en tête de
ce pacte, elles ont écrit cette phrase : « *Dieu seul est
« souverain,* à lui seul appartient toute puissance, parce
« qu'en lui seul sont les trésors d'amour, de science
« et de sagesse infinies. »

Remarquez aussi que la conscience des peuples n'est
point sur ce sujet en opposition avec la conscience des
rois. L'on semble vouloir faire du peuple un Encelade
toujours prêt à se révolter contre les rois et à leur
disputer le droit du commandement : mais ce géant

qui, selon Montesquieu, « a toujours trop ou pas assez
« d'action, qui parfois avec cent mille bras renverse
« tout et avec cent mille pieds ne va que comme un
« insecte. » Ce géant, le peuple, est assez embarrassé
des ambitions qu'on lui prête et de l'autorité qu'on
lui suppose ; au fond, il ne veut pas commander, il
aime beaucoup mieux obéir. Examinez les hommes du
peuple, simples et naïfs ouvriers des champs, que les
clubs et les journaux, malgré leur affreuse propa-
gande, n'ont point pervertis. Ils ne désirent et ne de-
mandent que la *légitimité des choses*, c'est-à-dire la
conservation perpétuelle de ce qu'ils possèdent. Ils veulent que leurs vies, leurs champs, leurs maisons, leurs
territoires, les lois, les pouvoirs soient à l'abri des
coups de main de la force. Ils veulent, avant tout,
que le pouvoir, qui est la principale et la plus essen-
tielle des *choses légitimes*, soit à l'abri des usurpa-
tions anarchiques. Et, pour que le *pouvoir* soit ainsi
abrité, ils veulent qu'on le place, non sous leur protection, mais sous la garde fidèle du seul être immua-
ble et éternel dans la justice : Dieu.

Rien n'est plus visible dans l'histoire que cette tendance des masses populaires à vouloir faire plonger
les racines de leur gouvernement jusque dans le sein
de la divinité. Dans les cérémonies publiques, au mi-
lieu desquelles les peuples reconnaissent leur chef, on
trouve toujours des signes qui montrent que, dans l'esprit de chacun, celui qui est acclamé est *l'élu de Dieu*
et non *l'élu du peuple*. Voici trois faits historiques
extraits des annales de trois sociétés différentes et
dans lesquels la tendance signalée est, on ne saurait mieux,
clairement attestée :

Le premier exemple est tiré de l'histoire sacrée. Le

prophète Samuel reçoit de Dieu l'ordre d'obtempérer aux sollicitations des juifs et de leur choisir un roi. — Le prophète exécute sa mission en trois actes ; dans le premier, il explique, en les exagérant à dessein , les *droits* royaux ; dans le second il applique *le sort* ; il tire au sort le nom d'une tribu, puis le nom d'une famille de la tribu désignée, puis le nom du membre de la famille que le sort avait marqué, et il arrive ainsi à Saül. Enfin dans le troisième acte, l'homme de Dieu verse l'onction sainte sur l'élu et promulgue les lois fondamentales de la royauté. Durant l'accomplissement de tous ces actes, d'une solennité exceptionnelle et d'une importance capitale, le peuple d'Israël demeure spectateur muet et passif, attitude qui témoigne évidemment que cette nation était persuadée que ce n'était point elle qui conférait le pouvoir au roi , mais que c'était Dieu.

Le second trait que l'on cite est pris dans les annales de la société romaine. Rome était trop rapprochée des colonies helléniques qui s'étaient fixées sur les côtes opulentes de la Sicile pour n'avoir pas subi leur influence et n'avoir pas emprunté à Athènes et à Sparte l'habitude religieuse de mettre l'État, les lois, les rois sous la protection tutélaire des dieux. Effectivement, Tite-Live nous apprend que la nation romaine était si parfaitement capable d'obéissance qu'elle s'était imposé à elle-même des choses qu'elle ne pouvait briser. *invicta quædam patientissima justi imperii, civitas fecerat.* Ces choses que personne, *pas même* la nation ne pouvait briser, c'étaient les magistrats et les lois, choses consacrées par la puissance des dieux, objets vénérables auxquels les quirites donnaient le nom de *sacrosainte puissance, sacrosancta potestas.*

Enfin, le dernier trait, dont on invoquera la valeur démonstrative, appartient aux traditions des sociétés gauloises et celtiques. Dans ces pays, César l'affirme en termes précis, *le peuple ne pouvait rien, n'était consulté pour rien : Plebs per se nihil audet, nulliqùe adhibetur concilio.*

Les chefs nétaient pas élus, ils étaient simplement reconnus. Celui qui portait le mieux sur son front le caractère d'une mission divine, celui qui s'imposait, était le chef. Il était désigné avant même que d'être proclamé, son autorité était déjà conçue dans la société, et elle n'attendait pour éclore qu'un jour et qu'une heure ; ainsi parvint au pouvoir suprême Vercingétorix. Ce n'était qu'un jeune homme, *mais il exerçait un grand ascendant, Summœ potentiœ adolescens.* — Malgré sa jeunesse ; malgré l'impopularité de son nom; malgré les oppositions violentes qui vont jusqu'à l'expulser de Gergovie sa patrie; par le prestige unique de sa personne, il se crée un parti, étend sa domination et finit par être obéi jusqu'aux rivages de l'Océan, et proclamé l'homme providentiel de toute la Gaule. —

Ainsi, voilà trois sociétés différentes prises sur le fait, tandis qu'elles sont occupées à reconnaître les dépositaires du pouvoir ; elles subissent toutes un chef qu'elles n'ont point choisi, mais qui s'est imposé et qui s'est affirmé lui-même comme investi d'une mission divine. Partout, d'une façon ou d'une autre, on professe la divinité du pouvoir. Et c'est ainsi que la conscience des peuples répond harmonieusemement à la conscience des princes, et que ces deux témoignages, s'appuyant, pour ainsi dire, sur le témoignage de l'Écriture, font un rempart indestructible à cette maxime : *Omnis potestas à Deo.*

Que penser, après cela, de ce prétendu dogme de la souveraineté populaire, dogme qui n'a rien pour lui ; qui, au point de vue métaphysique est une contradiction ; au point de vue logique une aberration ; au point de vue historique, une invention, et finalement au point de vue pratique une fiction ; oui, c'est une absurde fiction que le suffrage universel, lequel, institué pour donner l'avis de tout le monde, n'enfante que des avis particuliers ; et encore comment opère-t-il cet enfantement ? par les intrigues et par les finances de médiocrités ambitieuses, frondeuses, batailleuses et menteuses.

Que penser de la souveraineté populaire, qui fait tomber sur les peuples les malédictions méritées par les fautes des rois ? qui rend les nations responsables non-seulement des fautes qu'elles ont commises, mais encore de celles qu'elles ont fait ou laissé commettre ! Malheur aux peuples qui font dévier les princes de leur devoir : Notre-Seigneur dit à Pilate cette parole d'une portée on ne peut plus lointaine : « *Votre pouvoir vient « d'en haut, c'est pourquoi ceux qui m'ont livré à « vous sont deux fois coupables.* » Lorsque la volonté souveraine du peuple arme le pouvoir public contre la justice et la vérité, il est deux fois coupable : coupable en ce qu'il fait faire le mal ; coupable en ce qu'il fait faire le mal par un instrument sacré : *propterea qui me tradidit tibi majus peccatum habet.*

Que penser de ce principe de la souveraineté populaire, qui dégrade le pouvoir et lui imprime au front le signe avilissant de la servitude ? Nous les avons vus passer sur les quais des grandes villes, ces malheureuses grandeurs issues de la volonté nationale, et, malgré les pompes officielles, malgré l'appareil, les uniformes, les fusils et les trompettes, il y avait dans leur appareil quelque chose de hagard, et leur yeux avaient un regard d'esclave.

Une majesté bien plus souveraine est empreinte sur le visage des princes qui s'appuient uniquement sur Dieu. Ces monarques sont les oints du Seigneur, et ils le savent : le caractère divin leur est appliqué, et chacun le voit. Ils portent sur terre la ressemblance de Dieu ; comme lui, ils sont la raison suprême ; comme lui et par lui, ils sont la force ; comme lui et par lui, ils sont la justice ; comme lui et par lui, ils sont la Providence ; comme lui et par lui, ils sont la magnificence, car étant l'image de Dieu, ils sont tenus de faire resplendir cette image par la richesse du costume, les pompes de leur cortége et l'opulence de leurs maisons. Ils ont les formes princières parce qu'ils sont nés princes, institués princes, non point par la volonté des hommes, mais par la volonté de Dieu.

Et maintenant, quelles conclusions faut-il tirer de ce modeste opuscule ?

L'idée chrétienne sur le pouvoir semble très-positive et très-claire pour qui veut l'examiner. Peut-on en dire autant de l'idée moderne ? On l'ignore. Mais ce que l'on sait très-bien, c'est que d'après le peu que l'on dit et que l'on voit, il est permis de soupçonner de graves divergences entre l'idée chrétienne et l'idée moderne. À Dieu ne plaise que l'on veuille affirmer et dénoncer ici des oppositions, qui pourraient peut-être, à la grande rigueur, être plus apparentes que réelles. Si les principes reçus jadis dans le catholicisme sont tellement flexibles qu'ils puissent s'adapter aux systèmes contemporains, tant mieux ; oui, tant mieux ; seulement que l'autorité infaillible se déclare.

Que devant cet arbitre suprême, l'opinion libérale se définisse et s'explique elle-même, qu'elle fournisse ses titres, qu'elle expose son *Credo* et qu'elle soit jugée ; si elle triomphe, encore une fois tant mieux, car au moins la lumière se sera faite.

Oui, c'est la conclusion de cet écrit, et c'est la pensée qui a présidé à sa rédaction ; que la lumière se fasse. l'on demande que la lumière se fasse. *Fiat lux.*

L'on est assez malheureux d'avoir vu son pays perdre en si peu de jours une fortune si vaste, une puissance si forte, une si haute renommée, et l'on ne voudrait pas joindre à toutes ces horreurs l'horreur des ténèbres dans les principes ?

Fiat lux : Que la lumière se fasse, afin que l'on s'entende, que l'on s'unisse, que l'on s'aime et que l'on goûte le bonheur de faire cohabiter ensemble les enfants d'une même mère.

Fiat lux : Que la lumière se fasse, afin que s'il y a à combattre, l'on combatte du moins en plein jour, comme des hommes, et non dans l'ombre et dans les brouillards, comme des lâches.

Fiat lux : Que la lumière se fasse, car nous sommes les fils de la lumière, et nous voulons la lumière ; et si la patrie française a été la plus ardente dans l'adoption des utopies, elle entend se venger de sa chute, en étant, comme saint Pierre, la première et la plus grande dans le repentir.